VENTE

du Vendredi 30 Mai 1913

HOTEL DROUOT — SALLE N° 8

A 2 HEURES

EXPOSITION PUBLIQUE

le Jeudi 29 Mai 1913

DE 2 HEURES A 6 HEURES

TABLEAUX

Anciens & Modernes

AQUARELLES — PASTELS — DESSINS

GOUACHES — MINIATURES

Mᵉ **ENGELMANN**

COMMISSAIRE-PRISEUR

3, Rue des Mathurins, 3

M. G. **BOLATRE**

EXPERT

6, Rue des Batignolles, 6

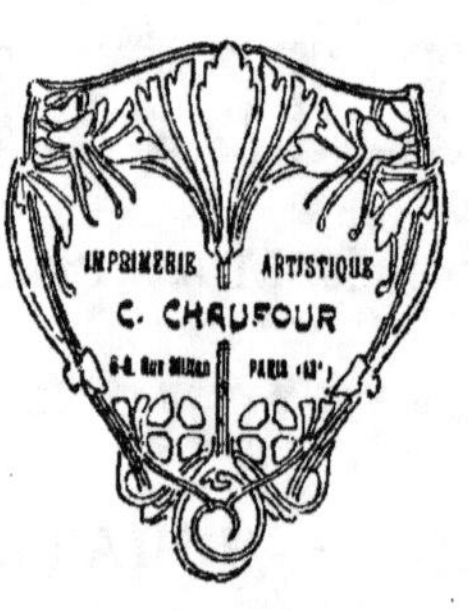

CATALOGUE

DES

TABLEAUX

Anciens & Modernes

AQUARELLES — PASTELS — DESSINS

GOUACHES — MINIATURES

PAR OU ATTRIBUÉ A

Auburtin, Bergeret, Boilly, Charlet, Crespin, Daubigny
Cartier, Dumont, Delacroix, Faivre, Lacroix

ET DES

Écoles Anglaise, Espagnole, Française, Flamande

DONT LA VENTE AUX ENCHÈRES PUBLIQUES AURA LIEU

HOTEL DROUOT, SALLE N° 8

Le Vendredi 30 Mai 1913

A TROIS HEURES

COMMISSAIRE-PRISEUR :	EXPERT :
Me ENGELMANN	M. G. BOLATRE
3, Rue des Mathurins, 3	6, Rue des Batignolles, 6

EXPOSITION PUBLIQUE :

Le Jeudi 29 Mai 1913, de 2 heures à 6 heures

CONDITIONS DE LA VENTE

Elle sera faite expressément au comptant.

Les acquéreurs paieront 10 o/o en sus des enchères.

L'exposition publique mettant le public à même de se rendre compte de l'état et de la nature des objets, il ne sera admis aucune réclamation une fois l'adjudication prononcée.

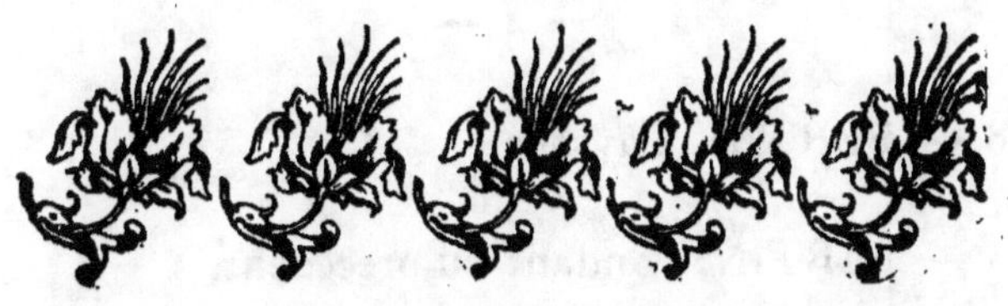

DÉSIGNATION

---

1 — ABÉMA (Louise). Portrait de Mme de la Seiglière.

2 — AUBURTIN. Paysage.

3 — ALTMANN. Paysage.

4 — ALTMANN. Paysage.

5 — ALTMANN. Paysage.

6 — ALTMANN. Paysage.

7 — BERGERET. Nature morte.

8 — BERTIN. Paysage.

9 — BERTIN. Pendant du précédent.

10 — BOILLY (Attribué à). Jeune fille. Pastel.

11 — BOILLY (Attribué à). Portrait d'homme.

12 — BONNINGTON. Vue de ville.

13 — BOUCHER (Ecole de). Femme et Amour, décoration sur toile, xviiie siècle.

14 — BOUCHER (École de). Amours. Toile collée sur bois, xviiie siècle.

15 — BOUCHET. Bords de rivière.

16 — BOUDIN (Attribué à). Marine.

17 — CALAME (Attribué à). Paysage.

18 — CAMOIN. Paysage avec personnages.

19 — CARTIER. Vache et chèvres.

20 — CHARLET (Attribué à). Grenadier et son fils.

21 — CLOUET (Genre de). Portrait présumé de Marie Stuart

22 — COIGNET. Paysage.

23 — COROT (Attribué à). Paysage d'Italie.

24 — COROT (Ecole de). Paysage animé.

25 — COROT (Ecole de). Paysage.

26 — COROT (Attribué à). Paysage.

27 — CRESPIN. Paysage animé.

28 — DAUBIGNY (Attribué à). Paysage.

29 — DAUBIGNY (Attribué à). Paysage.

3o — DAUBIGNY (Attribué à). Le Village.

3i — DECAMPS (Ecole de). Marine.

32 — DECAMPS (Ecole de). Chasseur.

33 — DECAMPS (Ecole de). Chien en arrêt.

34 — DELACROIX (Ecole de). Marchande de tapis.

35 — DEMARNE (Genre de). Paysage.

36 — DESHAYS. Perrette et son pot au lait.

37 — DEVÉRIA (Ecole de). Couple galant..

38 — DIAZ (Attribué à). Femme et chien.

39 — DORVALE. Enfant aux oiseaux.

40 — DUMONT. Nature morte.

41 — DU MONT. Un bouquiniste au xve siècle.

42 — DUPRÉ (Ecole de J.). Paysage avec moulin.

43 — ECOLE ANGLAISE. Portrait de femme.

44 — ECOLE ANGLAISE. Les Trois Amis.

45 — ECOLE ANGLAISE. Le Bon chien.

46 — ECOLE FLAMANDE. Paysage. Esquisse.

47 — ECOLE FLAMANDE. Paysage.

48 — ECOLE FRANÇAISE. Le Galant jardi-
nier.

49 — ECOLE FRANÇAISE. Paysanne et pigeon
dans un paysage.

5o — ECOLE FRANÇAISE. Deux Amours.
Panneau.

51 — ECOLE FRANÇAISE. Paysage avec personnages.

52 — ECOLE FRANÇAISE. Portrait de femme
Louis XV.

53 — ECOLE FRANÇAISE. L'Oiseau et le chien.

54 — ECOLE FRANÇAISE. Nature morte.
Deux pendants.

55 — ECOLE FRANÇAISE. Soirée sous la Ré-
volution. Gouache.

56 — ECOLE FRANÇAISE. Gouache ovale.
Cadre bois.

57 — ECOLE HOLLANDAISE. Paysage.

58 — ECOLE HOLLANDAISE. Paysage.

59 — ECOLE HOLLANDAISE. Paysage animé.

60 — ECOLE MODERNE. Femme et fleurs.

61 — ECOLE ITALIENNE. Descente de croix.

62 — ECOLE 1830. Paysage.

63 — ECOLE 1830. Paysage.

64 — ECOLE 1830. Paysage.

65 — ECOLE 1830. Marine

66 — ECOLE 1830. Paysage.

67 — ECOLE 1830. Paysage animé.

68 — ECOLE 1830. Bords de rivière.

69 — ECOLE 1830. La Tour de Constance.

70 — FAIVRE (Emile). Biche et fleurs. Panneau
décoratif. Médaille de 1860.

71 — FANONELLI. Fête de nuit à Venise.

72 — FEYEN-PERRIN. La Jardinière.

73 — FLERS (Ecole de). Paysage animé.

74 — FLERS (Attribué à). Paysage.

75 — GERARD (Attribué à). Stratonis.

76 — GOYEN (Ecole de Van). Paysage.

77 — GREUZE (Genre de). Jeune fille à la
colombe.

78 — GREUZE (Genre de). Tête de femme.

79 — GREUZE (Genre de). Gouache ovale.

80 — HENON (J.). Le Troupeau.

81 — INCONNU. Marquise. Dessin.

82 — INCONNU. La Servante.

83 — INCONNU. Bords de la Seine.

84 — INCONNU. Marine.

85 — INCONNU. Charette.

86 — INCONNU. Paysage.

87 — INCONNU. Effet de neige.

88 — INCONNU. Le Bouquiniste.

89 — ISABEY (Attribué à). Intérieur d'artiste.

90 — ISABEY (Attribué à). Pêcheuse et son
enfant.

91 — JOYANT. Monuments de Rome et personnages.

92 — JOUVENET. Tête de vieillard.

93 — LACROIX. Marine.

94 — LANIOT. La Clairière.

95 — LASALLE. Paysage à Ecouen.

96 — LECLERC (Ecole de). Femme endormie et Amours.

97 — LEMAN. La Récitation.

98 -- LEPINE (Attribué à). Bords de rivière.

99 — LEPOITEVIN (Attribué à). Chasse au canard.

100 — LEPOITEVIN (Attribué à). La Tempête.

101 — LEPRINCE. Marine.

102 — LONCLE. Marécages.

103 — MALTAIS (Le Chevalier). Deux natures mortes.

104 — MAUFRA. Paysage.

105 — MIALHE. Paysage des Colonies.

106 — MILLET (Attribué à). Colon.

107 — MURILLO (Genre de). Madeleine.

108 — NICOLIE. Intérieur d'église.

109 — NOEL (Attribué à J.). Paysage animé.

110 — PERRET (F.). Scène napolitaine.

111 — POLACK. Marine. Esquisse.

112 — RAPIN. Entrée de parc.

113 — REVOIL (P.). La Chasse.

114 — ROQUEPLAN (Attribué à). Laveuses.

115 — ROQUEPLAN (Attribué à). Personnages au repos.

116 — ROSALBIN. La Charrette de blé.

117 — ROUSSEAU (Attribué à). Le Vieux chêne.

118 — SARRELONICE (De). Femme et Amour.

119 — SCHERDE. Peintre et musicien.

120 — TENIERS (Ecole de). Truie et ses petits.

121 — TIEPOLO (Ecole de). Allégorie.

122 — VALLIN (Attribué à). Femmes nues.

123 — VALLIN (Attribué à). Femme à la rose.

124 — VERON (Attribué à). La Seine au Bas-
Meudon.

125 — ZIEM (Ecole de). Marine.

126 — Gravure gouachée : Femme et Amour.

127 — Miniature : Comtesse de Barral.

128 — Miniature : Portrait de Mlle Sophie, fille
de Louis XV.

129 — Miniature : La Répétition.

130 — Miniature : Bataille des Pyramides.

131 — Miniature : Napoléon.

132 — Miniature : Portrait de Marie-Antoinette.

133 — Miniature : Portrait d'une dame avec son chapeau.

134 — Miniature : Portrait d'une jeune fille en costume Empire.

135 — Miniature : Portrait d'une dame poudrée.

136 — Miniature : Portrait d'artiste.

137 — Miniature : Portrait de Mme de Lamballe.

138 — Miniature : Portrait de dame Louis XVI.

139 — Coffret orné d'une miniature.

140 — Bonbonnière avec miniature.

141 — Objets omis au catalogue.

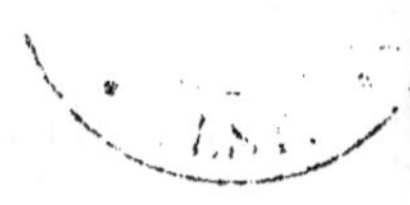